The Printmaker's
CATALOG
of ART PRINTS

PRINTS DATED FROM _____

TO _____

This catalog belongs to

_____

If found, please contact me at

_____

TABLE OF CONTENTS

Print Title   **Page No.**

TABLE OF CONTENTS

Print Title | **Page No.**

Title _____

Date _____ **Catalog #** _____ **# of Impressions** _____

Notes _____
_____
_____
_____

Title _____

Date _____ **Catalog #** _____ **# of Impressions** _____

Notes _____

_____

_____

_____

Title _____

Date _____ Catalog # _____ # of Impressions _____

Notes _____

_____

_____

_____

Title_____
Date_____ Catalog #_____ # of Impressions_____
Notes_____
_____
_____
_____

Title _____

Date _____ Catalog # _____ # of Impressions _____

Notes _____

_____

_____

_____

Title_____

Date_____ Catalog #_____ # of Impressions_____

Notes_____
_____
_____
_____

Title _____

Date _____ Catalog # _____ # of Impressions _____

Notes _____
_____
_____
_____

Title_____

Date_____ Catalog #_____ # of Impressions_____

Notes_____

_____

_____

_____

Title _____

Date _____ Catalog # _____ # of Impressions _____

Notes _____

_____

_____

_____

Title _____

Date _____ **Catalog #** _____ **# of Impressions** _____

Notes _____

_____

_____

_____

Title_____
Date_____ Catalog #_____ # of Impressions_____
Notes_____
_____
_____
_____

Title_____

Date_____ **Catalog #**_____ **# of Impressions**_____

Notes_____

_____

_____

_____

Title _____

Date _____ **Catalog #** _____ **# of Impressions** _____

Notes _____

_____

_____

_____

Title_____

Date_____ Catalog #_____ ____ # of Impressions_____

Notes_____

_____

_____

_____

Title_____

Date_____ Catalog #_____ # of Impressions_____

Notes_____

_____

_____

_____

Title _____

Date _____ **Catalog #** _____ _____ **# of Impressions** _____

Notes _____

_____

_____

Title _____

Date _____ Catalog # _____ # of Impressions _____

Notes _____

_____

_____

_____

Title _____

Date _____ Catalog # _____ # of Impressions _____

Notes _____

_____

_____

_____

Title_____
Date_____ Catalog #_____ ___ # of Impressions_____
Notes_____
_____
_____
_____

Title_____

Date_____ **Catalog #**_____ _____ **# of Impressions**_____

Notes_____

_____

_____

_____

Title _____

Date _____ **Catalog #** _____ **# of Impressions** _____

Notes _____

_____

_____

Title _____

Date _____ **Catalog #** _____ ___ **# of Impressions** _____

Notes _____
_____
_____
_____

Title _____

Date _____ **Catalog #** _____ **# of Impressions** _____

Notes _____

_____

_____

Title _____

Date _____ **Catalog #** _____ **# of Impressions** _____

Notes _____

_____

_____

Title _____

Date _____ **Catalog #** _____ **# of Impressions** _____

Notes _____

_____

_____

_____

Title _____

Date _____ Catalog # _____ # of Impressions _____

Notes _____

_____

_____

_____

Title _____

Date _____ **Catalog #** _____ **# of Impressions** _____

Notes _____

_____

_____

_____

Title _____

Date _____ Catalog # _____ # of Impressions _____

Notes _____
_____
_____
_____

Title_____
Date_____ Catalog #_____ # of Impressions_____
Notes_____
_____
_____
_____

Title_____

Date_____ Catalog #_____ # of Impressions_____

Notes_____
_____
_____
_____

Title _____

Date _____ Catalog # _____ # of Impressions _____

Notes _____

_____

_____

_____

Title_____

Date_____ Catalog #_____ # of Impressions_____

Notes_____

_____

_____

_____

Title _____

Date _____ Catalog # _____ # of Impressions _____

Notes _____

_____

_____

_____

Title _____

Date _____ Catalog # _____ _____ # of Impressions _____

Notes _____
_____
_____
_____

Title _____

Date _____ Catalog # _____ # of Impressions _____

Notes _____

_____

_____

_____

Title _____

Date _____ Catalog # _____ # of Impressions _____

Notes _____

_____

_____

_____

Title _____

Date _____ **Catalog #** ___ _____ **# of Impressions** _____

Notes _____

_____

_____

_____

Title _____

Date _____ Catalog # _____ # of Impressions _____

Notes _____

_____

_____

_____

Title_____

Date_____ Catalog #_____ # of Impressions_____

Notes_____

_____

_____

_____

Title _____

Date _____ **Catalog #** _____ _____ **# of Impressions** _____

Notes _____

_____

_____

_____

Title _____

Date _____ Catalog # _____ # of Impressions _____

Notes _____

_____

_____

_____

Title _____

Date _____ **Catalog #** ___ _____ **# of Impressions** _____

Notes _____
_____
_____

Title _____

Date _____ **Catalog #** _____ _____ **# of Impressions** _____

Notes _____

_____

_____

_____

Title _____
Date _____ Catalog # _____ # of Impressions _____
Notes _____
_____
_____
_____

Title_____

Date_____ Catalog #_____ # of Impressions_____

Notes_____

_____

_____

_____

Title _____

Date _____ Catalog # _____ # of Impressions _____

Notes _____
_____
_____
_____

Title _____

Date _____ **Catalog #** _____ **# of Impressions** _____

Notes _____

_____

_____

_____

Title _____

Date _____ **Catalog #** _____ _____ **# of Impressions** _____

Notes _____

_____

_____

_____

Title _____

Date _____ Catalog # _____ # of Impressions _____

Notes _____
_____
_____
_____

Title _____

Date _____ **Catalog #** _____ **# of Impressions** _____

Notes _____

_____

_____

_____

Title _____

Date _____ **Catalog #** _____ **# of Impressions** _____

Notes _____

_____

_____

_____

Title _____

Date _____ **Catalog #** _____ **# of Impressions** _____

Notes _____

_____

_____

_____

Title _____

Date _____ Catalog # _____ _____ # of Impressions _____

Notes _____

_____

_____

_____

Title_____

Date_____ Catalog #_____ # of Impressions_____

Notes_____

_____

_____

_____

www.ingramcontent.com/pod-product-compliance
Lightning Source LLC
Chambersburg PA
CBHW070419220526
45466CB00004B/1469